I0408560

Réussir dans l'Investissement Immobilier Commercial : Du Choix de la Propriété à la Clôture de la Transaction

Introduction

L'immobilier commercial est un monde de possibilités financières presque infinies, où chaque mur peut raconter une histoire de succès financier. C'est un domaine qui fascine, attire et, pour beaucoup, représente une opportunité de créer un avenir financier solide et stable. Bienvenue dans notre voyage à travers l'investissement dans les murs commerciaux.

Ce livre est conçu pour être votre guide complet dans le monde complexe mais passionnant de l'investissement immobilier commercial. Que vous soyez un investisseur novice à la recherche de conseils pour votre premier investissement ou un professionnel chevronné souhaitant affiner vos compétences, nous avons rassemblé dans ces pages une mine d'informations essentielles pour vous aider à réussir dans ce domaine exigeant.

Chapitre 1 : Introduction à l'Investissement dans les Murs Commerciaux

- Comprendre l'investissement immobilier commercial

L'investissement dans les murs commerciaux est une avenue lucrative et diversifiée dans le domaine de l'immobilier. Contrairement à l'investissement résidentiel, où l'accent est mis sur la création de revenus locatifs à partir de logements, l'investissement immobilier commercial se concentre sur la détention de biens destinés à des fins commerciales, telles que les boutiques, les bureaux et les espaces industriels.

Qu'est-ce qui définit l'immobilier commercial ?

L'immobilier commercial se caractérise par sa diversité, allant des petits commerces de quartier aux vastes centres commerciaux et complexes industriels. Voici quelques types courants d'immobilier commercial :

1. Locaux de Détail : Ce sont des espaces destinés à la vente au détail, tels que les boutiques, les magasins de vêtements, les restaurants et les supermarchés.

2. Bureaux : Les bureaux commerciaux sont utilisés pour mener des activités professionnelles, allant des petites entreprises aux grandes sociétés.

3. Industriel : Les propriétés industrielles comprennent des entrepôts, des usines et des espaces de fabrication.

4. Hôtellerie et Restauration : Cela englobe les hôtels, les restaurants, les motels et les espaces de restauration.

5. Santé et Services : Les centres médicaux, les cliniques, les cabinets dentaires et d'autres services professionnels entrent dans cette catégorie.

En comprenant les bases de l'investissement immobilier commercial, vous serez mieux équipé pour explorer les opportunités, évaluer les risques et prendre des décisions éclairées pour maximiser le potentiel de votre investissement. Les chapitres suivants vous guideront à travers les étapes clés pour réussir dans cette forme d'investissement immobilier.

Avantages et inconvénients des murs commerciaux par rapport aux autres types de biens immobiliers

Avantages :

1. Revenus Plus Élevés : Les loyers des murs commerciaux sont généralement plus élevés que ceux des biens résidentiels, ce qui peut se traduire par des rendements locatifs plus attractifs pour les investisseurs.

2. Baux à Long Terme : Les locataires commerciaux ont tendance à signer des baux à plus long terme par rapport aux locataires résidentiels. Cela offre une plus grande stabilité en termes de revenus et de taux d'occupation.

3. Relation Professionnelle : Les locataires commerciaux sont généralement des entreprises, ce qui signifie que la relation locataire-propriétaire est plus professionnelle et axée sur les affaires.

4. Participation à l'Économie Locale : Investir dans des murs commerciaux peut contribuer à la vitalité économique de la région en stimulant l'activité commerciale, en créant des emplois et en attirant les consommateurs.

5. Potentiel d'Appréciation du Capital : En choisissant un emplacement stratégique et en investissant dans l'amélioration de la propriété, vous pouvez augmenter la valeur de l'actif au fil du temps.

Inconvénients des Murs Commerciaux par Rapport aux Autres Types de Biens Immobiliers

1. Complexité des Contrats : Les contrats de location commerciaux sont souvent plus complexes que les baux résidentiels en raison de négociations spécifiques, de clauses et de conditions.

2. Fluctuations Économiques : Les biens commerciaux sont plus sensibles aux cycles économiques, ce qui peut entraîner des taux de vacance plus élevés et des loyers moins stables en périodes de ralentissement économique.

3. Gestion Intensive : La gestion des murs commerciaux peut être plus exigeante en termes de recherche de locataires qualifiés, de négociation de contrats et de résolution de problèmes.

4. Coûts Élevés : Les coûts liés à l'entretien, aux réparations et aux améliorations des biens commerciaux peuvent être plus élevés que pour les biens résidentiels.

Comparaison avec l'Investissement Résidentiel

- Stabilité des Revenus : Les biens commerciaux peuvent offrir une stabilité des revenus à long terme grâce à des baux à long terme, tandis que l'investissement résidentiel peut être plus soumis à des taux de rotation de locataires.

- Rendement Potentiel : Les murs commerciaux ont un potentiel de revenus plus élevé, mais l'investissement résidentiel peut être plus stable en termes de demande locative.

- Complexité : L'investissement dans les murs commerciaux peut être plus complexe en termes de gestion des contrats et de réglementations, tandis que l'investissement résidentiel peut être plus familier pour de nombreux investisseurs.

En résumé, l'investissement dans les murs commerciaux offre des avantages tels que des revenus potentiels plus élevés et des baux à long terme, mais il présente également des défis liés à la complexité des contrats et aux fluctuations économiques. Comparé à l'investissement résidentiel, il offre des opportunités différentes en termes de stabilité des revenus et de potentiel d'appréciation du capital, mais il nécessite également une gestion plus intensive et une compréhension approfondie du marché commercial.

Chapitre 2 : *Évaluation du Marché*

- Analyse de la demande et de l'offre pour les locaux commerciaux dans la région

L'analyse approfondie de la demande et de l'offre des locaux commerciaux dans une région donnée est essentielle pour prendre des décisions éclairées en matière d'investissement immobilier commercial. Comprendre les tendances du marché local vous permettra d'identifier les opportunités et de minimiser les risques potentiels. Voici les étapes clés de cette analyse :

Étude de la Demande :

1. Types de Commerces : Identifiez les types de commerces qui sont populaires et en demande dans la région. Par exemple, si le secteur de la restauration est en plein essor, cela pourrait indiquer une demande accrue pour des espaces de restauration. Attention à l'exposition numérique (penser dans 10 ans). Privilégier les boucher, boulangerie, coiffeur etc...

2. Zone de Chalandise : Déterminez la zone géographique depuis laquelle les consommateurs viennent pour accéder à ces commerces. Une zone de chalandise plus large peut indiquer une forte demande pour des locaux commerciaux dans cette région.

3. Tendances Démographiques : Étudiez la composition démographique de la région, y compris l'âge, le revenu moyen, le niveau d'éducation, etc. Cela vous aidera à cibler les types de commerces qui répondent aux besoins de la population locale.

4. Activité Économique : Examinez la croissance économique, l'emploi et les investissements dans la région. Les zones avec une activité économique dynamique ont généralement une demande plus forte pour des espaces commerciaux.

Étude de l'Offre :

1. Inventaire de Propriétés : Faites l'inventaire des propriétés commerciales disponibles dans la région, en identifiant le type, la taille et l'état de chaque bien.

2. Taux d'Occupation : Évaluez les taux d'occupation actuels pour différents types de biens commerciaux. Un taux d'occupation élevé peut indiquer une demande soutenue.

3. Projets de Développement : Informez-vous sur les projets de développement futurs, tels que de nouveaux centres commerciaux, quartiers d'affaires ou zones résidentielles. Ces projets peuvent avoir un impact sur l'offre future.

4. Concurrence : Identifiez les concurrents directs et indirects dans la région. Une forte concurrence peut nécessiter des stratégies spécifiques pour attirer et maintenir des locataires.

Méthodes d'Analyse :

1. Études de Marché : Consultez des rapports d'études de marché professionnels pour obtenir des données sur les tendances actuelles et futures du marché immobilier commercial. Allez sur le site www.procos.org

2. Enquêtes Locales : Interrogez les professionnels de l'immobilier commercial, les courtiers, les gestionnaires de biens et les locataires pour obtenir des informations sur les préférences des locataires et les besoins du marché.

3. Données Économiques : Analysez les données économiques telles que le PIB régional, le taux de chômage et les taux d'intérêt, car elles peuvent influencer la demande et l'offre de locaux commerciaux.

4. Analyse de l'emplacement : Vérifier la situation du local (exemple : si dans une rue principale), vérifier le flux de passage, se pointer à côté du commerce et regarder s'il y a beaucoup de passage (hors vacances scolaire). Les boutiques qui sont dans des angles de rue, à côté d'un macdo, une banque, assurance etc... sont très bien placée.

Bénéfices de l'Analyse du Marché :

- Opportunités Identifiées : Vous pourrez cibler les types de biens et d'emplacements les plus demandés, ce qui peut augmenter vos chances de succès.

- Minimisation des Risques : Une analyse approfondie vous permettra d'identifier les risques potentiels tels que les surcapacités ou les ralentissements économiques.

- Stratégies Informées : Vous pourrez développer des stratégies adaptées à la demande et à l'offre du marché, ce qui peut augmenter la rentabilité de vos investissements.

L'analyse de la demande et de l'offre pour les locaux commerciaux dans une région est une étape cruciale pour réussir dans l'investissement immobilier commercial. Cela vous permettra de prendre des décisions basées sur des données concrètes plutôt que sur des suppositions, et d'ajuster vos stratégies en fonction des conditions du marché.

Étude des tendances économiques et commerciales pouvant influencer la demande

Comprendre les tendances économiques et commerciales est essentiel pour prévoir la demande future de locaux commerciaux et adapter votre stratégie d'investissement en conséquence. Ces tendances peuvent avoir un impact significatif sur les types de commerces recherchés, les emplacements préférés et la stabilité des revenus. Voici quelques tendances clés à étudier :

1. Croissance Économique : La croissance économique dans une région stimule la création d'emplois, augmente le revenu disponible et favorise la consommation. Une économie florissante peut entraîner une demande accrue pour divers types de locaux commerciaux, notamment les commerces de détail, les bureaux et les espaces de restauration.

2. Évolution Démographique : Les changements dans la démographie de la région, tels que l'augmentation de la population urbaine, les migrations internes et l'évolution des groupes d'âge, peuvent influencer les types de commerces nécessaires. Par exemple, une population vieillissante peut créer une demande pour des services médicaux et des espaces de soins de santé.

3. Urbanisation : La croissance des zones urbaines entraîne souvent une demande accrue pour des espaces commerciaux, en particulier dans les centres-villes et les quartiers en développement.

4. Technologie et E-commerce : L'essor de la technologie et de l'e-commerce peut modifier les besoins en espaces commerciaux. Les entreprises de e-commerce nécessitent des entrepôts et des centres de distribution, tandis que les espaces de vente au détail peuvent devoir s'adapter à l'expérience d'achat en ligne.

5. Secteurs Émergents : L'émergence de nouveaux secteurs économiques tels que les industries de la technologie, des services professionnels et de la santé peut créer une demande pour des bureaux et des espaces commerciaux spécifiques à ces industries.

6. Changements de Mode de Vie : Les changements de mode de vie, comme la préférence croissante pour la restauration rapide ou les espaces de coworking, peuvent influencer la demande pour certains types de commerces.

7. Tourisme : Si la région est une destination touristique, cela peut augmenter la demande pour des espaces commerciaux liés à l'hôtellerie, à la restauration et aux divertissements.

8. Politiques Gouvernementales : Les politiques gouvernementales telles que les incitations fiscales pour les entreprises ou les réglementations immobilières peuvent influencer la demande de locaux commerciaux.

9. Durabilité et Responsabilité Sociale : Les tendances en matière de durabilité et de responsabilité sociale peuvent influencer la demande pour des espaces commerciaux écologiques et éthiques.

10. Événements Locaux : Les événements tels que l'ouverture de nouvelles infrastructures, les projets de développement urbain ou les grands événements sportifs peuvent avoir un impact sur la demande de locaux commerciaux dans la région.

En surveillant attentivement ces tendances et en les intégrant à votre analyse du marché, vous serez mieux préparé à anticiper les changements dans la demande de locaux commerciaux et à prendre des décisions d'investissement éclairées. L'adaptabilité aux tendances économiques et commerciales peut vous permettre de saisir des opportunités uniques et de maximiser le rendement potentiel de votre investissement immobilier commercial.

Chapitre 3 : Choix de l'Emplacement

- Importance de la localisation dans l'investissement immobilier commercial

L'emplacement est l'un des facteurs les plus critiques dans l'investissement immobilier commercial. Il peut faire la différence entre le succès et l'échec d'un investissement, car il influe directement sur la demande des locataires, les revenus locatifs, la valorisation de la propriété et la durabilité à long terme de votre investissement. Voici pourquoi la localisation est si cruciale :

1. Visibilité et Accessibilité : Les emplacements bien situés offrent une visibilité optimale et sont faciles d'accès pour les clients, les employés et les fournisseurs. Un accès pratique aux transports en commun, aux routes principales et aux zones résidentielles peut augmenter la probabilité d'attirer des locataires et des clients.

2. Flux de Clientèle : Être proche d'autres commerces populaires, de bureaux, de centres commerciaux, d'universités ou de zones résidentielles actives peut générer un flux constant de clients, ce qui est essentiel pour le succès des commerces locataires.

3. Profil Démographique : L'emplacement doit correspondre au profil démographique de la population cible. Par exemple, un emplacement près d'un campus universitaire pourrait être idéal pour des restaurants et des services destinés aux étudiants.

4. Concurrence : Évaluer la concurrence dans la région est crucial. Être situé trop près de concurrents directs peut diviser la clientèle et affecter la rentabilité.

5. Préférences des Locataires : Les locataires commerciaux recherchent des emplacements qui répondent à leurs besoins spécifiques, tels que la visibilité, le stationnement adéquat et la compatibilité avec leur secteur d'activité.

6. Facteurs Régionaux : Les caractéristiques régionales, telles que la météo, la culture locale et les habitudes de consommation, peuvent influencer la demande pour certaines industries.

7. Évolution Future : Prenez en compte les projets de développement prévus dans la région. Un emplacement peut sembler moins attractif aujourd'hui, mais peut devenir très recherché à mesure que de nouveaux projets se concrétisent.

8. Sécurité : Un emplacement sûr et bien éclairé est important pour attirer les clients et les locataires. La perception de sécurité est un facteur clé dans la décision de fréquenter un lieu commercial.

9. Rentabilité : Un emplacement bien choisi peut entraîner des revenus locatifs plus élevés et une valeur de revente accrue, ce qui contribue à la rentabilité globale de votre investissement.

10. Durabilité : Les emplacements de qualité peuvent maintenir une demande constante au fil du temps, ce qui offre une stabilité à long terme à votre investissement.

Lorsque vous choisissez un emplacement pour votre investissement immobilier commercial, il est essentiel de réaliser une analyse minutieuse du marché, de considérer les tendances économiques et commerciales, et de comprendre les préférences des locataires potentiels. L'objectif est de créer une synergie entre la localisation, les besoins du marché et les industries ciblées, afin de maximiser le potentiel de rendement de votre investissement.

Facteurs clés à considérer : accessibilité, visibilité, proximité des transports, zone de chalandise, concurrence

Le choix de l'emplacement pour votre investissement immobilier commercial doit prendre en compte plusieurs facteurs cruciaux qui auront un impact significatif sur la réussite de votre investissement. Voici une analyse approfondie de ces facteurs clés :

1. Accessibilité :

L'accessibilité fait référence à la facilité avec laquelle les clients, les employés et les fournisseurs peuvent atteindre votre propriété. Un emplacement facilement accessible par des routes principales et des réseaux de transport en commun peut attirer plus de trafic et augmenter la visibilité de vos locataires. Les axes routiers congestionnés, les embouteillages et les difficultés d'accès peuvent avoir un impact négatif sur le flux de clients.

2. Visibilité :

Une visibilité optimale est cruciale pour attirer l'attention des passants et des clients potentiels. Les emplacements situés le long des artères fréquentées, des rues principales ou des intersections stratégiques bénéficient d'une meilleure visibilité. Cela peut contribuer à attirer plus de clients et à augmenter la notoriété des locataires.

3. Proximité des Transports :

Être proche des options de transport en commun comme les gares, les arrêts de bus et les stations de métro peut faciliter l'accès pour les clients et les employés. Cela est particulièrement important dans les zones urbaines où de nombreuses personnes dépendent des transports en commun.

4. Zone de Chalandise :

La zone de chalandise est la région géographique d'où provient la majorité de la clientèle d'un commerce. Il est essentiel de choisir un emplacement qui correspond à la zone de chalandise de votre locataire cible. Une zone de chalandise bien ciblée peut garantir un flux régulier de clients.

5. Concurrence :

Évaluer la concurrence dans la région est crucial pour éviter la saturation du marché et la division de la clientèle. Si votre emplacement est trop proche de concurrents directs, cela peut rendre difficile la fidélisation des clients et la réalisation de profits.

6. Caractéristiques Démographiques :

Comprendre la démographie de la région, y compris l'âge, le revenu moyen, la composition familiale et les habitudes de consommation, vous aidera à choisir des locataires et des industries qui répondent aux besoins de la population locale.

7. Compatibilité avec l'Industrie :

L'emplacement doit être adapté à l'industrie que vous ciblez. Par exemple, un espace de bureau conviendrait mieux dans un quartier d'affaires, tandis qu'un restaurant peut prospérer dans une zone animée avec une vie nocturne active.

8. Prévisions de Développement :

Renseignez-vous sur les projets de développement futurs dans la région. Les zones qui connaissent une croissance planifiée peuvent offrir des opportunités d'investissement à long terme.

9. Prix de l'Immobilier :

Les coûts liés à l'emplacement sont également importants. Assurez-vous que le coût d'acquisition et les frais d'exploitation sont en ligne avec le potentiel de revenus attendu.

En prenant en compte ces facteurs, vous pouvez choisir un emplacement qui répond aux besoins de votre locataire cible, maximiser la visibilité, minimiser les risques de concurrence et créer un environnement favorable à la réussite de votre investissement immobilier commercial.

Chapitre 4 : Évaluation Financière

Calcul du rendement locatif potentiel

Lors de l'investissement dans des murs commerciaux en vue de la location, l'évaluation financière est essentielle pour déterminer la rentabilité et la viabilité de votre investissement. Le calcul du rendement locatif potentiel vous permettra de mesurer la performance financière de votre propriété commerciale. Voici les étapes clés pour calculer le rendement locatif :

1. Calcul du Revenu Brut :

Le revenu brut est la somme totale des loyers bruts annuels que vous pouvez espérer recevoir de vos locataires. Multipliez le loyer mensuel par 12 pour obtenir le loyer annuel.

2. Déduction des Charges Vacantes :

Les charges vacantes représentent la période pendant laquelle votre propriété pourrait rester inoccupée entre les locataires. Prévoyez un taux réaliste (par exemple, 5% à 10%) pour cette période et déduisez-la du revenu brut.

3. Calcul du Revenu Net :

Le revenu net est le montant total de revenus locatifs après avoir déduit les charges d'exploitation (taxes, assurances, frais d'entretien, gestion immobilière, etc.). La formule est : Revenu net = Revenu brut - Charges d'exploitation.

4. Calcul du Rendement Locatif Brut :

Le rendement locatif brut est le rapport entre le revenu net et le coût total de l'investissement, y compris l'achat initial et les coûts associés. La formule est : Rendement Locatif Brut = (revenu net / Coût Total de l'Investissement) x 100.

5. Calcul du Rendement Locatif Net (Cash-Flow) :

Le rendement locatif net (cash-flow) représente le montant d'argent que vous gagnez après avoir payé toutes les charges d'exploitation et remboursé votre financement. La formule est : Rendement Locatif Net = revenu net - Remboursements de Prêt - Charges d'Exploitation.

6. Calcul du Taux de Capitalisation (Cap Rate) :

Le taux de capitalisation mesure le rendement initial attendu de votre investissement avant les coûts de financement. Il se calcule en divisant le revenu net par la valeur marchande de la propriété. Le taux de capitalisation est généralement exprimé en pourcentage.

7. Comparaison avec d'Autres Investissements :

Comparez les rendements locatifs de différentes propriétés commerciales pour déterminer quelle offre a le potentiel de rendement le plus élevé.

8. Sensibilité aux Changements :

Évaluez la sensibilité de vos projections aux variations de loyers, de taux d'occupation et de charges d'exploitation. Cela vous aidera à comprendre les risques et les incertitudes liés à votre investissement.

Il est important de noter que les calculs du rendement locatif potentiel sont basés sur des projections et des estimations, et la réalité peut différer en fonction de divers facteurs. Il est recommandé de travailler avec des professionnels de l'immobilier, tels que des agents immobiliers commerciaux, des comptables et des experts en investissement, pour vous aider à affiner vos calculs et à prendre des décisions éclairées. Une évaluation financière précise vous aidera à choisir des propriétés qui correspondent à vos objectifs d'investissement et à maximiser le potentiel de rendement de votre investissement immobilier commercial.

Analyse des coûts associés à l'acquisition et à la maintenance des murs commerciaux

Lors de l'investissement dans des murs commerciaux, il est essentiel de comprendre les coûts associés à l'acquisition, à la possession et à la maintenance de la propriété. Ces coûts ont un impact direct sur la rentabilité de votre investissement à long terme. Voici une analyse approfondie de ces coûts :

1. Coûts d'Acquisition :

- Prix d'Achat : Le coût initial d'achat de la propriété commerciale, y compris le prix d'achat et les frais juridiques associés à la transaction.

- Frais de Notaire : Ces frais couvrent la formalisation de la transaction et peuvent varier en fonction de la région et du prix d'achat.

- Taxes : Des taxes telles que les droits de mutation immobilière peuvent s'appliquer à l'achat de la propriété.

2. Coûts de Financement :

- Taux d'Intérêt : Les intérêts sur les prêts hypothécaires constituent un coût majeur. Plus le taux d'intérêt est élevé, plus les frais financiers seront importants.

- Frais de Prêt : Certains prêts peuvent comporter des frais de dossier, des frais de garantie et d'autres frais associés.

3. Coûts de Maintenance et d'Exploitation :

- <u>Taxes Foncières</u> : Les propriétaires de biens commerciaux doivent payer des taxes foncières annuelles, qui varient en fonction de la valeur de la propriété et de la juridiction.

- <u>Assurances</u> : Les assurances immobilières couvrent les dommages potentiels, la responsabilité civile et d'autres risques liés à la propriété.

- <u>Frais de Gestion</u> : Si vous engagez un gestionnaire immobilier, des frais pour la gestion des locataires, la maintenance et la résolution de problèmes peuvent s'appliquer.

- <u>Entretien et Réparations</u> : Ces coûts incluent la maintenance régulière, les réparations et les mises à jour nécessaires pour maintenir la propriété en bon état.

- <u>Frais d'Amélioration</u> : Investissements dans des améliorations pour augmenter la valeur ou l'attrait de la propriété, comme la rénovation de locaux ou d'équipements.

- <u>Charges Communes</u> : Si la propriété est située dans un complexe commercial ou un centre commercial, vous pourriez être responsable de certaines charges communes pour l'entretien de l'espace partagé.

4. Charges Vacantes :

- <u>Périodes de vacances</u> : Les périodes où la propriété n'est pas louée peuvent entraîner une perte de revenus. Prévoyez ces coûts dans votre analyse financière.

En évaluant ces coûts associés à l'acquisition et à la maintenance des murs commerciaux, vous serez en mesure de calculer le rendement réel de votre investissement, d'anticiper les dépenses futures et de déterminer si la propriété répond à vos objectifs financiers.

Chapitre 5 : Due Diligence Légale et Technique

Vérification des titres de propriété et des documents légaux

Lors de l'investissement dans des murs commerciaux, la due diligence légale et technique est une étape cruciale pour vous assurer que la propriété que vous envisagez d'acheter est libre de tout problème juridique ou technique. Cela implique de vérifier les titres de propriété et de s'assurer que tous les documents légaux sont en ordre. Voici une exploration détaillée de cette étape :

1. Vérification des Titres de Propriété :

La vérification des titres de propriété consiste à s'assurer que le vendeur est le véritable propriétaire de la propriété et qu'il a le droit de la vendre. Cela implique de rechercher les registres fonciers, les actes de vente précédents et les hypothèques éventuelles qui pourraient grever la propriété.

2. Examen des Documents Légaux :

- Acte de Vente : Vérifiez l'acte de vente actuel pour vous assurer qu'il est en règle et qu'il ne comporte pas de restrictions particulières.

- Titres de Propriété Précédents : Examinez les actes de vente précédents pour identifier tout problème de chaîne de titres.

- Hypothèques et Charges : Vérifiez s'il y a des hypothèques, des privilèges ou d'autres charges en cours sur la propriété.

- Zonage et Utilisations : Vérifiez si la propriété est zonée conformément à vos objectifs d'investissement et à ceux de vos locataires potentiels.

- Permis et Autorisations : Assurez-vous que la propriété dispose de tous les permis et autorisations nécessaires pour son utilisation commerciale.

- Litiges et Réclamations : Recherchez les litiges en cours ou les réclamations potentielles liées à la propriété.

3. Évaluation Technique :

Outre les aspects légaux, une évaluation technique est également nécessaire pour vérifier l'état physique de la propriété. Cela implique d'inspecter la structure, les systèmes mécaniques, l'électricité, la plomberie et tout autre élément technique pour s'assurer qu'il est en bon état de fonctionnement.

4. Inspection de la Propriété :

- Inspection Structurelle : Vérifiez l'intégrité de la structure et la présence de tout dommage structurel.

- Inspection des Installations : Vérifiez les systèmes de plomberie, d'électricité, de chauffage, de ventilation et de climatisation pour identifier les problèmes potentiels.

- Évaluation de la Toiture : Examinez l'état de la toiture pour détecter les signes de fuites ou de dommages.

- Évaluation de l'Isolation : Vérifiez l'isolation pour assurer l'efficacité énergétique de la propriété.

5. Rapports d'Experts :

Engagez des professionnels qualifiés tels que des avocats spécialisés en immobilier, des experts en titre de propriété, des ingénieurs en bâtiment et d'autres experts techniques pour effectuer les vérifications nécessaires.

La due diligence légale et technique est essentielle pour éviter les problèmes potentiels et les surprises désagréables après l'achat. Ne négligez pas cette étape critique et engagez des experts compétents pour vous guider à travers ce processus complexe. Une fois que vous avez vérifié que la propriété est exempte de problèmes légaux et techniques, vous serez mieux préparé à prendre une décision d'investissement éclairée.

Inspection technique du bâtiment pour identifier les besoins en rénovation ou en entretien

Lorsque vous investissez dans des murs commerciaux, une inspection technique approfondie du bâtiment est essentielle pour évaluer l'état de la propriété, identifier les besoins en rénovation ou en entretien, et prendre des décisions éclairées quant à l'achat. Voici comment mener une inspection technique efficace :

1. Engagez des Professionnels Qualifiés :

Faites appel à un professionnel qualifié pour réaliser l'inspection. Cela peut être un ingénieur en bâtiment, un architecte ou un inspecteur certifié en bâtiment. Leur expertise permettra d'identifier des problèmes potentiels que vous pourriez manquer.

2. Examen Extérieur :

- État de la Structure : Vérifiez l'intégrité des fondations, des murs porteurs et des poutres. Recherchez les fissures, les signes de déformation ou de dommages structurels.

- Toiture : Évaluez l'état de la toiture, y compris les matériaux, l'étanchéité, les gouttières et les signes de fuites.

- Revêtements Extérieurs : Examinez l'état des revêtements extérieurs tels que le bardage, la peinture et la maçonnerie.

3. Évaluation Intérieure :

- Systèmes Mécaniques : Inspectez les systèmes de chauffage, de ventilation, de climatisation et de plomberie pour détecter tout dysfonctionnement ou besoin de réparation.

- Électricité : Vérifiez les systèmes électriques pour vous assurer qu'ils sont aux normes et en bon état de fonctionnement.

- <u>Revêtements Intérieurs</u> : Examinez les murs, les plafonds, les sols et les finitions intérieures pour identifier les besoins de rénovation ou de réparation.

4. Évaluation de la Sécurité :

- <u>Sécurité Incendie</u> : Vérifiez la conformité aux normes de sécurité incendie, y compris les extincteurs, les sorties de secours et les détecteurs de fumée.

- <u>Accessibilité</u> : Assurez-vous que la propriété est accessible aux personnes handicapées conformément aux réglementations locales.

5. Évaluation de l'Efficacité Énergétique :

- <u>Isolation</u> : Examinez l'isolation pour assurer une efficacité énergétique optimale.

- <u>Éclairage et Fenêtres</u> : Évaluez l'éclairage naturel, les fenêtres et les portes pour minimiser la perte d'énergie.

6. Rapport d'Inspection :

Après l'inspection, le professionnel devrait fournir un rapport détaillé qui résume les constatations, identifie les problèmes potentiels, recommande des mesures correctives et estime les coûts associés.

7. Priorisation des Besoins :

En fonction du rapport, établissez une liste des besoins en rénovation ou en entretien par ordre de priorité. Cela vous aidera à planifier les travaux futurs de manière stratégique.

L'inspection technique du bâtiment est un outil essentiel pour évaluer l'état de la propriété et prendre des décisions informées concernant les rénovations nécessaires et l'entretien continu. Investir dans une inspection minutieuse peut vous aider à éviter les surprises coûteuses à l'avenir et à maximiser la durabilité et la rentabilité de votre investissement immobilier commercial.

Évaluation de la Performance Énergétique des Locaux Commerciaux

L'évaluation de la Performance Énergétique (DPE) pour les locaux commerciaux suit une méthodologie spécifique adaptée aux besoins et aux caractéristiques de ces bâtiments. Contrairement aux logements résidentiels, les locaux commerciaux ont des systèmes de chauffage, de ventilation, de climatisation et d'éclairage souvent plus complexes en raison de leur usage commercial varié. Voici comment fonctionne la DPE pour les locaux commerciaux :

1. Collecte de Données :

L'évaluateur collecte des informations détaillées sur le bâtiment, y compris sa surface, sa configuration, ses systèmes de chauffage, de refroidissement, de ventilation et d'éclairage, ainsi que ses habitudes d'utilisation.

2. Analyse des Consommations Énergétiques :

En se basant sur les données collectées, l'évaluateur analyse la consommation d'énergie du bâtiment, y compris les émissions de CO_2 associées. Il compare ces données à des références nationales et sectorielles pour évaluer la performance énergétique actuelle du bâtiment.

3. Classement Énergétique :

Le bâtiment se voit attribuer un classement énergétique, noté de A à G. La classe A représente une performance énergétique élevée, tandis que la classe G indique une performance moins efficace.

4. Recommandations d'Amélioration :

Le rapport DPE pour les locaux commerciaux inclut des recommandations spécifiques pour améliorer la performance énergétique du bâtiment. Cela peut inclure des suggestions pour des rénovations, des changements de systèmes, des améliorations d'isolation et d'éclairage, etc.

5. Informations pour les Parties Prenantes :

Le rapport DPE doit être fourni aux parties prenantes, y compris les propriétaires, les locataires et les autorités compétentes. Cela permet à chacun de prendre des mesures appropriées pour améliorer l'efficacité énergétique du bâtiment.

Le DPE est devenu un élément important lors de la location ou de la vente de locaux commerciaux. Les locataires ou les acheteurs peuvent considérer le classement énergétique comme un critère de décision et peuvent négocier en conséquence.

7. Cadre Légal et Réglementaire :

La DPE pour les locaux commerciaux est soumise à des réglementations spécifiques. Les propriétaires de locaux commerciaux sont tenus de fournir un DPE valide lors de la mise en location, de la vente ou de la construction d'un bâtiment.

Avantages de la DPE pour les Locaux Commerciaux :

- Permet aux propriétaires et aux locataires de comprendre les besoins énergétiques du bâtiment.

- Favorise l'efficacité énergétique et la réduction des coûts d'exploitation.

- Contribue aux objectifs nationaux de réduction des émissions de CO_2.

- Valorise les bâtiments plus efficaces sur le marché de l'immobilier commercial.

En somme, la DPE pour les locaux commerciaux est un outil précieux pour évaluer et améliorer l'efficacité énergétique des bâtiments commerciaux. Elle offre des avantages économiques, environnementaux et sociaux en encourageant des pratiques de construction et d'utilisation plus durables et efficaces sur le plan énergétique.

Chapitre 6 : Négociation et Acquisition

Techniques de négociation pour obtenir le meilleur prix

La phase de négociation et d'acquisition dans l'investissement immobilier commercial est cruciale pour garantir que vous obtenez la meilleure affaire possible. Que vous achetiez des murs commerciaux pour la location ou pour d'autres objectifs d'investissement, voici quelques techniques de négociation qui peuvent vous aider à obtenir le meilleur prix :

1. Recherche et Préparation :

Avant d'entamer les négociations, effectuez une recherche approfondie sur la propriété, son historique de prix, les tendances du marché local et d'autres biens similaires dans la région. Cela vous donnera une base solide pour négocier et montrera au vendeur que vous êtes informé.

2. Fixez des Limites :

Déterminez à l'avance votre budget maximal et la fourchette de prix dans laquelle vous souhaitez négocier. Cela vous évitera de vous engager dans des négociations au-delà de ce que vous êtes prêt à dépenser.

3. Établissez une Relation Positive :

La négociation ne doit pas nécessairement être un conflit. Établissez une relation positive avec le vendeur dès le départ en étant poli, respectueux et professionnel. Une relation de confiance peut faciliter les discussions et rendre le processus plus fluide.

4. Mettez en Avant Vos Atouts :

Identifiez ce qui peut vous rendre un acheteur attractif pour le vendeur. Si vous avez des ressources solides, une capacité à conclure rapidement ou une préparation minutieuse, mettez ces atouts en avant pour montrer que vous êtes un acheteur sérieux.

5. Utilisez des Arguments Basés sur les Faits :

Lorsque vous négociez le prix, appuyez vos arguments sur des faits concrets. Utilisez des données du marché, des comparaisons de prix et des informations sur l'état de la propriété pour justifier votre offre.

6. Comprenez les Motivations du Vendeur :

Essayez de comprendre les motivations du vendeur pour vendre la propriété. S'il est pressé de vendre, cela peut être un point de négociation en votre faveur. S'il y a des problèmes ou des défis liés à la propriété, cela pourrait également influencer le prix.

7. Restez Calme et Patience :

La négociation peut être émotionnelle, mais il est important de rester calme et patient. Ne montrez pas trop d'enthousiasme ni de précipitation pour conclure l'accord. Cela pourrait être interprété comme un signe de faiblesse.

Élaborez des offres qui sont raisonnables et basées sur les données du marché. Faire des offres trop basses peut décourager le vendeur et rendre la négociation difficile.

9. Soyez Prêt à Marchander :

La négociation implique généralement un processus de va-et-vient. Soyez prêt à marchander et à trouver un terrain d'entente qui soit satisfaisant pour les deux parties.

10. Ne pas avoir peur de dire Non :

Si les conditions ne sont pas favorables ou si le vendeur ne répond pas à vos attentes, n'hésitez pas à dire non et à explorer d'autres opportunités.

La négociation dans l'investissement immobilier commercial demande une combinaison de compétences de communication, de préparation et de flexibilité. En utilisant ces techniques de négociation, vous augmenterez vos chances d'obtenir le meilleur prix possible lors de l'acquisition de murs commerciaux.

Clauses importantes à inclure dans le contrat d'achat

Lors de l'achat d'un local commercial pour en faire de la location ou de l'investissement immobilier, le contrat d'achat revêt une importance capitale pour protéger vos intérêts et clarifier les termes de la transaction. Voici quelques clauses essentielles à inclure dans le contrat d'achat pour garantir une transaction réussie et sécurisée :

1. Description Précise de la Propriété :

La clause doit fournir une description détaillée de la propriété, y compris sa taille, sa localisation, les numéros de parcelle, les équipements inclus, les zones utilisables et toute autre caractéristique pertinente.

2. Prix d'Achat et Modalités de Paiement :

Cette clause indique le montant convenu pour l'achat, ainsi que les modalités de paiement, y compris les acomptes, les dates limites de paiement et les détails du mode de paiement.

3. Contingences et Conditions de Résiliation :

Incluez des contingences qui permettent l'annulation du contrat sous certaines conditions, telles que l'incapacité à obtenir un financement ou des problèmes lors de la due diligence. Spécifiez les délais et les procédures pour résilier le contrat.

4. Dates et Délais :

Établissez un calendrier précis pour chaque étape du processus, y compris les dates de la signature du contrat, de l'inspection, de la clôture et de la remise des clés.

5. État de la Propriété :

Assurez-vous que le contrat stipule que la propriété sera livrée dans l'état convenu lors de la négociation, et indiquez clairement si des travaux de rénovation ou de réparation sont nécessaires avant la clôture.

6. Responsabilités des Parties :

Définissez les obligations et les responsabilités de l'acheteur et du vendeur, notamment en ce qui concerne les coûts de clôture, les impôts fonciers, les frais de transfert et d'autres dépenses.

7. Vices Cachés et Garanties :

Établissez des dispositions concernant les vices cachés, les garanties de l'état de la propriété et les recours en cas de découvertes postérieures à la clôture.

8. Zonage et Utilisations :

Assurez-vous que le zonage autorise les utilisations prévues pour la propriété. Si la propriété est destinée à la location commerciale, spécifiez les types d'activités commerciales autorisées.

9. Frais et Honoraires :

Indiquez comment seront répartis les frais de clôture, y compris les frais d'avocat, les frais de notaire et autres coûts associés à la transaction.

10. Clauses de Confidentialité :

Si nécessaire, incluez des clauses de confidentialité pour protéger les informations sensibles partagées pendant la négociation.

11. Modalités de Clôture :

Définissez les détails du processus de clôture, y compris la remise des documents, la remise des clés et le transfert officiel de la propriété.

12. Loi Applicable et Règlement des Litiges :

Indiquez quelle juridiction gouverne le contrat et comment les éventuels litiges seront résolus, que ce soit par arbitrage, médiation ou devant les tribunaux.

Il est fortement recommandé de faire appel à un avocat spécialisé en droit immobilier pour rédiger ou examiner le contrat d'achat. Chaque transaction est unique, et avoir un contrat solide et bien structuré est essentiel pour éviter les litiges et pour vous assurer que vos droits et intérêts sont protégés tout au long du processus d'achat.

Chapitre 7 : Financement de l'Investissement

Options de financement pour l'achat de murs commerciaux

L'achat de murs commerciaux est une entreprise significative qui nécessite un financement adéquat. Il existe plusieurs options de financement que vous pouvez explorer pour acquérir des locaux commerciaux pour la location ou pour d'autres objectifs d'investissement. Voici les options les plus courantes :

1. Prêt Hypothécaire Commercial :

Un prêt hypothécaire commercial est l'option de financement la plus courante pour l'achat de murs commerciaux. Il s'agit d'un prêt à long terme garanti par la propriété elle-même. Les prêts hypothécaires commerciaux sont disponibles auprès de banques, de coopératives de crédit et d'institutions financières spécialisées.

- *Avantages* : Les prêts hypothécaires commerciaux offrent généralement des taux d'intérêt compétitifs et des conditions de remboursement flexibles, ce qui en fait un choix populaire pour l'investissement immobilier commercial.

- *Inconvénients* : L'obtention d'un prêt hypothécaire commercial peut être un processus complexe, nécessitant des garanties et une solide expérience en investissement immobilier.

2. Prêt Mezzanine :

Les prêts mezzanines sont des prêts non garantis accordés aux investisseurs immobiliers commerciaux, généralement en complément d'un prêt hypothécaire. Ils sont considérés comme une dette subordonnée, ce qui signifie qu'ils sont remboursés après le remboursement du prêt hypothécaire.

- *Avantages* : Les prêts mezzanines peuvent aider à combler le fossé entre le montant d'un prêt hypothécaire et le coût total de l'acquisition. Ils peuvent être plus flexibles en termes de garanties et de conditions.

- *Inconvénients* : Les taux d'intérêt sur les prêts mezzanines sont généralement plus élevés que ceux des prêts hypothécaires, ce qui peut entraîner des coûts plus élevés à long terme.

3. Financement Participatif (Crowdfunding Immobilier) :

Le financement participatif immobilier permet à plusieurs investisseurs de financer collectivement un projet immobilier, y compris l'achat de murs commerciaux. Chaque investisseur contribue financièrement au projet.

- *Avantages* : Le financement participatif peut être une option pour les investisseurs qui souhaitent diversifier leur portefeuille immobilier sans avoir à acheter une propriété en entier. Cela peut également offrir une plus grande liquidité.

- *Inconvénients* : La répartition des bénéfices et la gestion peuvent être complexes avec le financement participatif. De plus, les investisseurs doivent souvent faire confiance à des gestionnaires de projet pour prendre des décisions en leur nom.

4. Fonds d'Investissement Immobilier (REIT) :

Les Fonds d'Investissement Immobilier (REIT) sont des sociétés qui détiennent et gèrent des biens immobiliers commerciaux. Les investisseurs peuvent acheter des actions de ces sociétés, ce qui leur permet d'investir dans l'immobilier commercial sans acheter directement une propriété.

- *Avantages* : Les REIT offrent une liquidité élevée, car les actions peuvent être achetées ou vendues facilement. Ils peuvent également offrir une diversification géographique et sectorielle.

- *Inconvénients* : Les rendements des REIT dépendent des performances du portefeuille de biens immobiliers de la société, et les investisseurs n'ont pas un contrôle direct sur les propriétés individuelles.

5. Financement Privé :

Le financement privé implique l'obtention de fonds auprès d'investisseurs privés, tels que des amis, de la famille ou des partenaires commerciaux. Ces investisseurs fournissent généralement un capital en échange d'une participation dans l'investissement.

- *Avantages* : Le financement privé peut être plus flexible en termes de conditions et de délais. Il peut également être plus facile à obtenir si vous avez des relations solides avec des investisseurs potentiels.

- *Inconvénients* : Vous devrez négocier les modalités et les intérêts avec les investisseurs privés, et cela peut impliquer une perte de contrôle sur la propriété si vous partagez la propriété.

Lorsque vous choisissez une option de financement pour l'achat de murs commerciaux, il est essentiel de tenir compte de vos objectifs d'investissement, de votre tolérance au risque et de votre capacité financière.

Chapitre 8 : Gestion de la Propriété

Sélection des locataires : critères et processus de sélection

L'une des étapes cruciales de la gestion réussie d'un investissement immobilier commercial est la sélection des locataires appropriés. Les locataires que vous choisissez auront un impact significatif sur la rentabilité et la stabilité de votre investissement. Voici les critères et le processus de sélection des locataires pour des locaux commerciaux :

Critères de Sélection des Locataires :

1. Stabilité Financière : Les locataires doivent démontrer une solide stabilité financière. Vous pouvez vérifier leur historique de crédit, leur capacité à payer le loyer et leur situation financière générale.

2. Type d'Activité : Assurez-vous que l'activité du locataire est compatible avec l'utilisation prévue de la propriété. Par exemple, certaines propriétés peuvent être mieux adaptées à des activités de bureau, tandis que d'autres conviennent davantage à des commerces de détail ou à des restaurants.

3. Références Commerciales : Demandez aux locataires potentiels des références commerciales de leurs précédents bailleurs. Cela peut vous donner des informations sur leur comportement en tant que locataires.

4. Expérience dans le Secteur : Si possible, privilégiez les locataires ayant une expérience réussie dans le secteur d'activité spécifique de la propriété. Cela peut réduire les risques d'échec commercial.

5. Capacité à Respecter le Bail : Assurez-vous que le locataire comprend et accepte les termes du bail et a la capacité de les respecter, y compris les obligations de paiement et d'entretien.

Processus de Sélection des Locataires :

1. Annonce de la Propriété : Commencez par promouvoir la propriété de manière efficace en utilisant des canaux de marketing appropriés pour attirer des locataires potentiels. Cela peut inclure des annonces en ligne, des publications dans des journaux locaux, ou le recours à des agents immobiliers commerciaux.

2. Demande de Location : Demandez aux locataires potentiels de remplir une demande de location détaillée. Cette demande doit inclure des informations personnelles, professionnelles et financières.

3. Vérification des Références : Contactez les références commerciales fournies par le locataire pour vérifier son expérience antérieure en tant que locataire et sa capacité à respecter les obligations contractuelles.

4. Vérification des Antécédents : Obtenez le consentement du locataire pour effectuer des vérifications de crédit, des vérifications de casier judiciaire et des vérifications des antécédents professionnels si nécessaire.

5. Entretien : Rencontrez les locataires potentiels en personne pour discuter de leurs besoins et de leurs attentes, ainsi que pour clarifier les termes du bail.

6. Évaluation des Offres : Si plusieurs locataires sont intéressés, évaluez leurs offres en fonction de critères tels que la stabilité financière, la durée du bail proposée et la pertinence de leur activité.

7. <u>Sélection du Locataire</u> : Une fois que vous avez recueilli toutes les informations nécessaires et évalué les candidats, choisissez le locataire qui répond le mieux à vos critères.

8. <u>Rédaction du Bail</u> : Rédigez un bail complet qui détaille tous les termes et conditions de la location, y compris les modalités de paiement, la durée du bail et les obligations de chaque partie.

9. <u>Signature du Bail</u> : Faites signer le bail par toutes les parties concernées et assurez-vous que toutes les obligations sont comprises et acceptées.

La sélection minutieuse des locataires est essentielle pour maximiser la rentabilité de votre investissement immobilier commercial et minimiser les risques.

Rédaction du contrat de location (Bail) et obligations légales

La rédaction d'un contrat de location, également appelé bail, pour un local commercial est une étape critique dans la gestion d'un investissement immobilier commercial. Le bail établit les droits et les responsabilités du propriétaire (bailleur) et du locataire (preneur) et définit les conditions de la location. Voici comment rédiger un contrat de location pour un local commercial, en mettant l'accent sur les obligations légales :

1. <u>Identifiez les Parties Concernées</u> :

- Le bailleur (propriétaire de la propriété).

- Le preneur (locataire).

- Toute autre partie concernée, telle qu'une société de gestion immobilière si elle est impliquée.

2. <u>Description Précise de la Propriété</u> :

Incluez une description détaillée de la propriété, y compris son emplacement, sa taille, ses caractéristiques, et les équipements inclus (par exemple, système de chauffage, de ventilation, de climatisation, d'éclairage).

3. Durée du Bail :

Déterminez la durée du bail, qu'il s'agisse d'un bail à court terme ou à long terme. Précisez également les conditions de renouvellement ou de résiliation anticipée du bail.

Les baux commerciaux ont une durée minimum de 9 ans. Cela signifie que le propriétaire ne peut pas résilier le bail avant la fin de cette période. De plus, à l'issue des 9 années, s'il décide de ne pas renouveler le bail commercial, il devra verser une indemnité d'éviction au locataire pour le dédommager, notamment de la perte de sa clientèle acquise grâce à cet emplacement. Dans quelques cas, le propriétaire n'est pas obligé de verser une indemnité d'éviction à l'issue des 9 ans :

- Lorsque l'immeuble a été reconnu dangereux par arrêté préfectoral.
- Si le propriétaire décide d'y habiter ou de loger son conjoint, ses ascendants ou descendants ou ceux de son conjoint, à condition qu'ils soient sans logement au moment de la reprise du local.

Le locataire peut, contrairement au propriétaire, demander la résiliation du bail à l'issue de chaque période de 3 ans. Il doit prévenir le propriétaire au moins 6 mois avant la date prévue par lettre d'huissier, et non par recommandé.

4. Loyer et Charges :

Spécifiez le montant du loyer, les modalités de paiement (mensuel, trimestriel, etc.), la date d'échéance et les pénalités en cas de retard de paiement. Précisez également comment les charges (comme les taxes foncières, les frais d'entretien, et les services publics) seront réparties entre les parties.

En matière de bail commercial, la loi prévoit que la taxe foncière (et ses taxes additionnelles) ainsi que les impôts, taxes et redevances liés à l'usage du local ou de l'immeuble ou à un service dont le commerçant locataire bénéficie directement ou indirectement peuvent être mis à la charge de ce dernier.

5. Conditions d'Utilisation :

Décrivez comment la propriété peut être utilisée par le locataire, y compris les restrictions éventuelles sur les activités commerciales autorisées. Faire une clause de destination, si le locataire revend son fond, qu'il n'y ai pas n'importe qui qui reprend et la solvabilité.

6. Entretien et Réparations :

Spécifiez les responsabilités du locataire et du bailleur en matière d'entretien et de réparations. Par exemple, le locataire peut être tenu de maintenir la propriété en bon état et de signaler rapidement toute réparation nécessaire. Clarifier que l'aménagement intérieur incombe au locataire.

7. Dépôt de Garantie :

Indiquez le montant du dépôt de garantie, qui sera retenu par le bailleur pour couvrir d'éventuels dommages ou défauts de paiement. Précisez les conditions de remboursement du dépôt de garantie à la fin du bail.

8. Responsabilité en Cas de Dommages :

Établissez les obligations du locataire en cas de dommages à la propriété, et précisez comment les coûts de réparation seront supportés.

9. Assurances :

Indiquez si le locataire doit souscrire une assurance responsabilité civile commerciale et/ou une assurance contre les incendies, et précisez les limites de couverture requises.

Que vous soyez locataire ou propriétaire, vous avez l'obligation de souscrire une assurance dans le cadre du bail commercial. Selon votre situation, il peut s'agir :

- D'une obligation légale pour le propriétaire bailleur ;
- D'une obligation contractuelle pour le locataire.

Dans le cadre des relations liées au bail commercial, plusieurs assurances peuvent donc se juxtaposer: celle du propriétaire et celle du bailleur.

10. Obligations Légales et Conformité :

Assurez-vous que le bail est conforme aux lois locales et nationales en matière de location commerciale. Cela peut inclure des dispositions sur les normes d'accessibilité, la conformité aux codes du bâtiment, et les règlements d'urbanisme.

11. Clauses Additionnelles :

Incluez des clauses additionnelles pertinentes, telles que des clauses de résiliation anticipée, de non-concurrence, ou de transfert de bail (cession ou sous-location).

12. <u>Signatures et Date d'Effet</u> :

Une fois le contrat de location rédigé, assurez-vous que toutes les parties le signent et indiquez la date d'effet du bail.

13. <u>Bail notarié</u>

Le système de bai notarié est une pratique juridique qui consiste à faire enregistrer un contrat de location ou de bail par un notaire public. Ce système est particulièrement courant dans certains pays, notamment en France et en Belgique, mais il peut varier d'une juridiction à l'autre. Voici comment fonctionne le système de bail notarié :

<u>Rédaction du Contrat de Bail</u> : Tout d'abord, le propriétaire (bailleur) et le locataire (preneur) rédigent un contrat de location qui détaille les termes et les conditions de la location. Ce contrat inclut généralement des informations telles que la description de la propriété, la durée du bail, le montant du loyer, les responsabilités en matière d'entretien et de réparations, les clauses de résiliation, etc.

<u>Consultation d'un Notaire</u> : Après avoir rédigé le contrat de bail, les parties impliquées (le bailleur, le locataire et parfois le notaire lui-même) consultent un notaire public. Le notaire est un professionnel du droit spécialisé dans la rédaction de documents juridiques et la certification de contrats. Il s'assure que le contrat est conforme aux lois locales et aux règlements en vigueur.

<u>Examen du Contrat</u> : Le notaire examine le contrat de bail pour s'assurer qu'il est équitable et légal. Il peut également conseiller les parties sur les clauses à inclure ou à ajuster en fonction de la situation spécifique.

<u>Signature en Présence du Notaire</u> : Une fois que toutes les parties sont satisfaites du contrat, elles se réunissent en présence du notaire pour le signer. La présence du notaire garantit que toutes les parties comprennent les termes du contrat et qu'elles sont d'accord pour les respecter.

<u>Enregistrement Officiel</u> : Après la signature, le notaire enregistre officiellement le contrat de location auprès des autorités locales ou d'un registre public. Cela confère au contrat une force probante et une sécurité juridique accrues. En cas de litige ultérieur, le contrat notarié est généralement considéré comme une preuve solide devant un tribunal.

<u>Conservation du Contrat</u> : Une fois le contrat notarié enregistré, le notaire en remet généralement une copie à chaque partie. Il conserve également une copie dans ses archives pour référence future.

Le système de bail notarié présente plusieurs avantages. Il renforce la sécurité juridique en créant un document officiel et enregistré. De plus, le notaire peut jouer un rôle de médiateur impartial en cas de désaccord entre les parties pendant la négociation du contrat.

Cependant, le système de bail notarié peut également être coûteux, car les frais de notaire sont généralement supportés par les parties impliquées. De plus, il peut être plus lent que la simple signature d'un contrat entre les parties, car il implique des étapes supplémentaires.

En fin de compte, le choix d'utiliser un système de bail notarié dépend des lois et des pratiques locales, ainsi que des préférences des parties concernées en matière de sécurité juridique et de conformité aux normes légales.

Chapitre 9 : Fiscalité et Législation

Implications fiscales de la détention de murs commerciaux

Investir dans des murs commerciaux en France comporte des implications fiscales spécifiques que les investisseurs doivent prendre en compte pour maximiser leur rendement et se conformer à la législation fiscale. Voici un aperçu des principales implications fiscales de la détention de murs commerciaux :

1. Revenus Fonciers :

Les loyers perçus des locataires commerciaux sont généralement considérés comme des revenus fonciers. Ces revenus sont imposés au taux progressif de l'impôt sur le revenu en France, avec la possibilité de déduire certaines charges liées à la propriété, telles que les intérêts hypothécaires, les frais de gestion et les dépenses d'entretien.

2. Régime Réel d'Impôt :

Les propriétaires ont le choix entre deux régimes fiscaux pour déclarer leurs revenus fonciers : le régime réel d'imposition et le régime microfoncier. Le régime réel permet aux propriétaires de déduire toutes les charges liées à la propriété, ce qui peut réduire considérablement leur base imposable.

3. Amortissement :

L'amortissement est une déduction fiscale qui permet aux propriétaires de répartir le coût d'achat de la propriété sur plusieurs années. Cela peut être particulièrement avantageux pour réduire l'impôt sur le revenu, mais il est important de noter que la valeur du terrain ne peut pas être amortie, seulement la valeur du bâtiment.

4. Plus-Value Immobilière :

En cas de revente de la propriété, les plus-values immobilières peuvent être soumises à l'impôt sur les plus-values. Cependant, il existe des exonérations pour les ventes de locaux commerciaux sous certaines conditions, notamment si la propriété est détenue depuis un certain nombre d'années.

5. TVA :

La location de locaux commerciaux est généralement soumise à la TVA (Taxe sur la Valeur Ajoutée). Les bailleurs doivent collecter la TVA sur les loyers et la reverser aux autorités fiscales. Toutefois, ils peuvent également récupérer la TVA payée sur les dépenses liées à la propriété. Pour déterminer dans quelle situation se trouve un local, il faut examiner la nature du bien loué.

Dans le cadre de la location de locaux équipés en mobilier, matériel ou installations nécessaires à l'exercice de l'activité, le loyer est soumis à un taux de TVA de 20 %, sauf si le propriétaire bénéficie du régime de la franchise en base de TVA.

Dans le cadre de locaux nus, l'activité de location est normalement exonérée de TVA. Le propriétaire particulier a toutefois la possibilité d'opter pour la TVA (taux de 20%) : il doit alors le faire dans les 15 jours suivant le début de la location, auprès du services des impôts. Le bailleur peut avoir intérêt à opter pour cette option s'il a payé de la TVA lors de la construction ou de l'achat du bien : il pourra alors récupérer celle-ci.

6. Taxe Foncière :

La taxe foncière est une charge annuelle que les propriétaires de locaux commerciaux doivent payer. Son montant dépend de la valeur locative cadastrale de la propriété et des taux d'imposition locaux. Mais on a à vu précédemment que l'on pouvais la faire payer au locataire.

7. Taxe d'Enlèvement des Ordures Ménagères (TEOM) :

La TEOM est une taxe basée sur les services d'élimination des déchets ménagers. Elle est généralement incluse dans la taxe foncière.

8. Cotisations Sociales :

Les revenus fonciers sont généralement soumis aux cotisations sociales. Cependant, il existe des régimes spécifiques pour les investisseurs professionnels qui peuvent réduire ces cotisations.

Il est essentiel de noter que la fiscalité immobilière est complexe et sujette à des changements réguliers. Il est recommandé de consulter un expert fiscal ou un comptable spécialisé en immobilier commercial pour optimiser votre situation fiscale et vous assurer de respecter toutes les obligations fiscales en vigueur. En comprenant les implications fiscales de la détention de murs commerciaux, les investisseurs peuvent maximiser leur rendement net.

Règlementations spécifiques liées à la location commercial

La location commerciale est régie par des règlementations spécifiques. Ces règles visent à équilibrer les droits et les responsabilités du bailleur (propriétaire) et du preneur (locataire) tout en assurant le bon fonctionnement du marché de la location commerciale. Voici quelques-unes des règlementations clés liées à la location commerciale en France :

1. Renouvellement du Bail :

À la fin d'une période de neuf ans, le bailleur ne peut pas refuser automatiquement le renouvellement du bail commercial. Le locataire a le droit de demander le renouvellement du bail, sauf dans certaines circonstances limitées définies par la loi.

2. Indemnité d'Éviction :

Si le bailleur refuse de renouveler le bail pour des raisons non justifiées par la loi, il peut être tenu de verser une indemnité d'éviction au locataire. Cette indemnité est destinée à compenser le préjudice subi par le locataire en raison de la fin du bail.

3. Révision du Loyer :

Le bail commercial peut contenir des clauses permettant de réviser le loyer périodiquement. La révision du loyer est souvent basée sur des indices d'indexation spécifiques, tels que l'indice des loyers commerciaux (ILC) ou l'indice des loyers des activités tertiaires (ILAT).

4. Cession et Sous-location :

En général, le locataire a le droit de céder son bail à un tiers ou de sous-louer la propriété, sauf si le bailleur peut démontrer un motif légitime pour refuser. Toutefois, le locataire initial reste responsable du paiement du loyer et de l'exécution des obligations du bail, même s'il cède le bail.

5. Obligations d'Entretien :

Le bailleur est géréralement responsable des grosses réparations et de la structure du bâtiment, tandis que le locataire est responsable des réparations locatives et de l'entretien courant de la propriété. Ces obligations doivent être précisées dans le contrat de bail.

6. Normes d'Accessibilité :

Le bailleur doit veiller à ce que la propriété respecte les normes d'accessibilité en vigueur pour les personnes à mobilité réduite.

7. Fin du Bail :

Lorsque le bail prend fin, le locataire doit restituer les lieux dans leur état d'origine, sauf disposition contraire du bail

Ces règlementations spécifiques sont conçues pour protéger les droits des locataires commerciaux tout en offrant aux bailleurs un cadre juridique clair pour gérer leurs biens. Cependant, la législation peut varier en fonction de la taille de la propriété et d'autres facteurs.

Chapitre 10 : Stratégies de Valorisation de l'Investissement

Améliorations pour augmenter la valeur du bien et attirer les locataires

L'augmentation de la valeur d'un bien immobilier commercial et l'attrait pour les locataires sont des objectifs essentiels pour tout investisseur immobilier. Pour y parvenir, il est souvent nécessaire d'apporter des améliorations à la propriété. Voici des stratégies et des types d'améliorations qui peuvent être mis en œuvre pour atteindre ces objectifs :

1. Rénovations Structurelles :

Investir dans des rénovations structurelles peut considérablement augmenter la valeur de la propriété. Cela peut inclure la réfection de la toiture, le remplacement des systèmes électriques et de plomberie obsolètes, ou la mise à niveau des fondations. Ces améliorations garantissent que la propriété est en bon état et prête à accueillir de nouveaux locataires.

2. Réaménagement de l'Espace :

Réaménager l'espace intérieur peut permettre une utilisation plus efficace et attractive de la propriété. Par exemple, la conversion d'un grand espace en bureaux plus petits ou en espaces commerciaux peut augmenter la valeur locative et attirer un éventail plus large de locataires.

3. Améliorations Énergétiques :

Investir dans des améliorations énergétiques, telles que l'installation de systèmes de chauffage, de ventilation et de climatisation plus efficaces, ainsi que l'isolation améliorée, peut réduire les coûts d'exploitation pour le locataire et augmenter l'attrait de la propriété.

4. Mise à Niveau de la Technologie :

Les locataires modernes recherchent souvent des espaces dotés de technologies avancées. Investir dans la mise en place de systèmes de sécurité, de connectivité Internet haut débit et de systèmes de gestion intelligente des bâtiments peut rendre la propriété plus attrayante pour les locataires.

5. Aménagements Paysagers et Extérieurs :

L'extérieur de la propriété est la première chose que les locataires et les clients potentiels voient. Investir dans l'aménagement paysager, le marquage routier, l'éclairage extérieur attrayant et l'entretien des aires de stationnement peut améliorer l'attrait visuel de la propriété.

6. Promotion de la Durabilité :

La durabilité est de plus en plus importante pour les locataires et les investisseurs. Envisagez d'ajouter des caractéristiques écologiques, telles que des systèmes d'énergie solaire, des toits verts ou des systèmes de gestion de l'eau durable, pour attirer ceux qui recherchent des propriétés respectueuses de l'environnement.

7. Mise à Niveau des Espaces Communs :

Si la propriété dispose d'espaces communs, comme un hall d'entrée, une salle de réunion ou une cafétéria, investir dans leur modernisation et leur entretien peut améliorer l'expérience des locataires.

8. Marketing de la Propriété :

Ne négligez pas l'importance du marketing pour attirer les locataires. Investissez dans des photographies de qualité, des visites virtuelles et une présence en ligne pour promouvoir la propriété de manière efficace.

9. Offres Incitatives :

Offrir des incitations telles que des mois de loyer gratuits, la prise en charge de certaines rénovations ou des baux à long terme peut attirer des locataires de qualité.

10. Analyse du Marché :

Assurez-vous de baser vos décisions d'améliorations sur une analyse approfondie du marché local. Comprenez les besoins et les attentes des locataires potentiels pour cibler les améliorations qui auront le plus d'impact.

En appliquant ces stratégies d'amélioration, vous pouvez augmenter la valeur de votre investissement immobilier commercial, attirer des locataires de qualité et maximiser votre rendement. Il est conseillé de travailler en étroite collaboration avec des professionnels de l'immobilier, tels que des gestionnaires immobiliers ou des architectes, pour planifier et exécuter ces améliorations de manière efficace.

Possibilités de réaménagement ou de diversification des locataires

La capacité à réaménager ou à diversifier les locataires d'un bien immobilier commercial peut jouer un rôle essentiel dans l'optimisation de la rentabilité de l'investissement. Voici quelques possibilités à explorer pour tirer le meilleur parti de votre propriété :

1. Réaménagement de l'Espace :

- Conversion d'Espaces Vacants : Si vous avez des espaces vacants, envisagez de les réaménager pour répondre aux besoins du marché. Par exemple, si vous possédez un entrepôt vacant, vous pourriez le transformer en espace de coworking ou en centre de distribution.

- Adaptation aux Nouvelles Tendances : Suivez les tendances du marché et adaptez l'aménagement de votre propriété en conséquence. Par exemple, avec la montée du commerce électronique, de plus en plus d'espaces sont convertis en entrepôts logistiques.

2. Diversification des Types de Locataires :

- Locataires Commerciaux Variés : Au lieu de vous concentrer sur un seul type de locataire, diversifiez vos locataires. Par exemple, si vous possédez un immeuble de bureaux, envisagez de louer de l'espace à des entreprises de secteurs différents pour réduire les risques liés à la vacance.

- Mix de Locataires : Créez un mix de locataires qui se complètent. Par exemple, un centre commercial peut inclure des magasins de vêtements, des restaurants, des épiceries et des services de divertissement pour attirer un large public.

3. Réduction de la Vacance :

- Aménagement Temporaire : Si vous avez des locaux vacants, envisagez de les louer temporairement pour des événements ou des expositions. Cela peut générer un revenu pendant les périodes de vacance.

4. Modernisation des Espaces Communs :

- Création d'Espaces Conviviaux : Rendez les espaces communs de votre propriété plus attractifs en créant des zones de détente, des aires de restauration ou des espaces de coworking. Cela peut attirer des locataires qui recherchent un environnement de travail agréable.

5. Promotion de la Durabilité :

- Espaces Écologiques : Si possible, aménagez des espaces écologiques ou durables, comme des jardins communautaires, des toits verts ou des installations de recyclage. Cela peut attirer des locataires sensibles à l'environnement.

6. Flexibilité des Baux :

- Offrir des Baux Flexibles : Proposez des baux à court terme ou à long terme pour attirer différents types de locataires. Certains peuvent préférer la flexibilité d'un bail à court terme, tandis que d'autres recherchent la stabilité d'un bail à long terme.

7. Collaboration avec des Professionnels de l'Immobilier :

- Consultation avec un Gestionnaire Immobilier : Un gestionnaire immobilier professionnel peut vous aider à évaluer les besoins du marché local, à identifier les opportunités de réaménagement et à gérer efficacement la diversification des locataires.

La clé pour réussir à réaménager ou à diversifier les locataires réside dans la compréhension des besoins du marché local, la flexibilité et la capacité à s'adapter aux évolutions économiques et commerciales. En travaillant en étroite collaboration avec des experts en immobilier commercial, vous pouvez maximiser le rendement de votre investissement tout en minimisant les risques.

Chapitre 11 : Gestion des Risques

Gestion des risques liés aux fluctuations économiques et aux changements de marché

La gestion des risques est une composante essentielle de tout investissement immobilier commercial. Les fluctuations économiques et les changements de marché peuvent avoir un impact significatif sur la rentabilité d'un investissement. Voici des stratégies pour gérer les risques liés à ces facteurs :

1. Diversification des Investissements :

Diversifiez votre portefeuille immobilier en investissant dans différents types de propriétés et dans différentes régions. Cela peut réduire l'exposition aux risques associés à un marché ou à un secteur économique spécifique.

2. Analyse du Marché :

Effectuez une analyse approfondie du marché local avant d'investir. Comprenez les tendances économiques, l'offre et la demande de locaux commerciaux, les taux de vacance, et les niveaux de loyer dans la région. Cela vous permettra de prendre des décisions éclairées.

3. Maintien de Liquidités :

Gardez une réserve de liquidités pour faire face aux périodes de vacance locative ou aux besoins de réparation imprévus. Cela peut vous éviter d'avoir à vendre précipitamment la propriété en cas de difficultés financières.

4. Contrats de Bail Solides :

Rédigez des contrats de bail solides qui protègent vos intérêts en cas de fluctuations économiques. Vous pouvez inclure des clauses de révision de loyer, des garanties financières ou des conditions de sortie flexibles.

5. Analyse de Sensibilité :

Effectuez une analyse de sensibilité pour évaluer l'impact potentiel des variations économiques sur vos flux de trésorerie. Identifiez les scénarios défavorables et préparez des plans d'action pour les gérer.

6. Suivi de la Performance :

Surveillez régulièrement la performance de votre investissement. Analysez les indicateurs clés tels que le taux d'occupation, les loyers impayés, les coûts d'exploitation et les taux de rendement. Cela vous permettra de détecter rapidement les problèmes potentiels et d'y remédier.

7. Réserve de Capitaux pour l'Entretien :

Prévoyez un budget pour l'entretien régulier de la propriété. Le maintien en bon état de la propriété peut réduire les coûts à long terme et minimiser les perturbations liées à des réparations majeures.

8. Évaluation de la Dette :

Si vous avez financé l'investissement par emprunt avec un taux variable, surveillez attentivement le taux d'intérêt de votre prêt. Les variations des taux d'intérêt peuvent avoir un impact sur vos coûts d'emprunt et sur la rentabilité de l'investissement.

9. Gestion du Cycle Économique :

Reconnaissez que l'immobilier commercial est cyclique, avec des périodes de croissance et de ralentissement. Anticipez ces cycles et ajustez votre stratégie en conséquence. Par exemple, en période de ralentissement économique, il peut être judicieux de réduire les dépenses et de renforcer la trésorerie.

10. Conseil d'Experts :

Consultez des experts en immobilier commercial, tels que des gestionnaires immobiliers, des avocats spécialisés en immobilier et des experts en finance, pour vous aider à gérer efficacement les risques et à élaborer une stratégie adaptée.

La gestion des risques dans l'immobilier commercial nécessite une planification proactive, une compréhension approfondie du marché et la capacité à s'adapter aux conditions changeantes. En mettant en œuvre ces stratégies, vous pouvez atténuer les risques potentiels et améliorer la stabilité de votre investissement.

Utilisation de l'assurance pour minimiser les risques financiers

L'assurance est un outil essentiel pour minimiser les risques financiers associés à l'investissement immobilier commercial. Elle offre une protection contre divers événements imprévus qui pourraient avoir un impact négatif sur votre investissement. Voici comment vous pouvez utiliser l'assurance pour atténuer les risques financiers dans le domaine de l'immobilier commercial :

1. Assurance des Biens Immobiliers :

- Assurance des Bâtiments : Cette assurance couvre les dommages matériels causés aux bâtiments en cas d'incendie, d'inondation, de tempête ou d'autres événements définis dans la police. Elle est essentielle pour protéger la valeur de votre propriété contre des dommages imprévus.

- Assurance du Contenu : Si vous louez votre bien immobilier meublé ou avec du contenu (par exemple, pour un restaurant), l'assurance du contenu couvre les pertes ou les dommages aux biens personnels à l'intérieur du bâtiment.

2. Assurance Responsabilité Civile :

- Responsabilité Civile du Propriétaire : Cette assurance protège contre les poursuites en responsabilité civile déposées par des tiers en cas d'accidents ou de dommages sur la propriété. Elle peut couvrir les frais de défense juridique et les paiements en cas de condamnation.

3. Assurance Loyers Impayés :

- Assurance Loyers Impayés : Cette assurance peut protéger contre les pertes de revenus locatifs en cas de locataires qui ne paient pas leur loyer. Elle peut également couvrir les frais juridiques associés à l'expulsion de locataires défaillants.

4. Assurance Interruption d'Activité :

- Assurance Interruption d'Activité : Si votre propriété est endommagée par un événement assuré, cette assurance peut couvrir la perte de revenus que vous pourriez subir pendant la période de réparation ou de reconstruction.

5. Assurance Responsabilité Environnementale :

- Responsabilité Environnementale : Si votre propriété est contaminée par des substances dangereuses, cette assurance peut couvrir les coûts de nettoyage et les réclamations en responsabilité civile liées à la pollution de l'environnement.

6. Assurance Inondation ou Catastrophe Naturelle :

- Assurance Inondation ou Catastrophe Naturelle : Si votre propriété est située dans une zone à risque d'inondation ou de catastrophe naturelle, souscrire une assurance spécifique peut vous protéger contre les pertes liées à ces événements.

7. Assurance pour Perte de Valeur Locative :

- Assurance pour Perte de Valeur Locative : En cas de dommages couverts par une assurance qui rendent la propriété inutilisable pour les locataires, cette assurance peut compenser la perte de revenus locatifs pendant la période de réparation.

8. Assurance Vie :

- Assurance Vie : Si vous détenez une propriété commerciale en partenariat, une assurance vie sur les partenaires peut être utilisée pour couvrir le décès de l'un d'entre eux, assurant ainsi la continuité de l'investissement.

9. Assurance Cyber-Risque :

- Assurance Cyber-Risque : Dans le cas où votre propriété ou vos systèmes de gestion immobilière sont vulnérables aux cyberattaques, cette assurance peut couvrir les pertes financières résultant de ces attaques.

10. Consultation avec un Agent d'Assurance :

Pour choisir les bonnes assurances et garantir que vous êtes adéquatement couvert, consultez un agent d'assurance expérimenté spécialisé dans l'immobilier commercial. Ils peuvent vous aider à personnaliser un portefeuille d'assurance en fonction de vos besoins spécifiques.

L'assurance est un élément clé de la gestion des risques dans l'immobilier commercial. Elle peut vous protéger contre des pertes financières importantes et vous offrir une tranquillité d'esprit en tant qu'investisseur immobilier.

Chapitre 12 : Sortie de l'Investissement

Options de sortie telles que la vente ou la rénovation pour une meilleure rentabilité

La sortie d'un investissement immobilier commercial est une étape cruciale pour concrétiser vos gains ou réorienter votre portefeuille. Vous avez plusieurs options, notamment la vente de la propriété ou la rénovation pour augmenter sa rentabilité. Voici comment vous pouvez aborder ces options :

1. Vente de la Propriété :

- Moment Opportun : La vente de la propriété peut être une option viable lorsque le marché est favorable. Si les prix de l'immobilier commercial sont élevés et que la demande est forte, cela peut être un bon moment pour réaliser un profit.

- Rendement sur Investissement : Lors de la vente, vous pouvez réaliser un gain en capital, en particulier si la valeur de la propriété a augmenté depuis votre achat. Vous pouvez réinvestir ces fonds dans d'autres opportunités ou diversifier votre portefeuille.

- Liquidité : La vente vous offre une liquidité immédiate, ce qui peut être utile si vous avez besoin de capital pour d'autres investissements ou besoins financiers personnels.

- Frais de Transaction : Gardez à l'esprit qu'il y a des frais associés à la vente d'une propriété, notamment les commissions de courtage, les taxes foncières, les frais juridiques, etc.

2. Rénovation pour une Meilleure Rentabilité :

- Évaluation de l'Investissement : Avant de décider de rénover, évaluez attentivement les coûts de rénovation par rapport à l'augmentation attendue de la rentabilité. Les rénovations peuvent augmenter la valeur de la propriété, les loyers et le taux d'occupation.

- Modernisation : La modernisation de la propriété, notamment la mise à niveau des systèmes, la rénovation des espaces communs ou l'amélioration de l'efficacité énergétique, peut attirer des locataires de meilleure qualité et augmenter les loyers.

- Adaptation aux Tendances du Marché : Si le marché évolue, envisagez de rénover pour répondre aux nouvelles tendances. Par exemple, si la demande pour des espaces de bureau flexibles augmente, une rénovation pour créer de tels espaces peut être rentable.

- Réduction des Coûts d'Exploitation : Les rénovations qui réduisent les coûts d'exploitation, comme l'installation de systèmes d'énergie solaire ou l'amélioration de l'efficacité énergétique, peuvent augmenter la rentabilité à long terme.

- Valorisation : Les rénovations bien exécutées peuvent augmenter la valeur globale de la propriété, ce qui peut être avantageux si vous envisagez de vendre ultérieurement.

3. Location à Long Terme :

- Location à Long Terme : Si vous n'êtes pas prêt à quitter complètement votre investissement, envisagez de le louer à long terme. Cela peut garantir un flux de revenus stable tout en conservant la propriété pour une future vente ou rénovation.

- Gestion Immobilière : Si vous choisissez de louer, envisagez de confier la gestion de la propriété à une société de gestion immobilière professionnelle pour vous libérer de la gestion quotidienne.

La décision de vendre ou de rénover dépend de vos objectifs financiers, du marché immobilier actuel et de l'état de la propriété.

Planification de la revente : timing et préparation

La planification de la revente d'une propriété commerciale est une étape stratégique qui nécessite une attention minutieuse. L'objectif est de maximiser les bénéfices tout en minimisant les risques et les coûts associés à la vente. Voici comment aborder la planification de la revente, en mettant l'accent sur le timing et la préparation :

1. Déterminer le Bon Moment :

- Analyse du Marché : Surveillez de près le marché immobilier commercial local et national pour identifier les tendances. Idéalement, envisagez de vendre lorsque le marché est favorable, avec une demande élevée et des prix en hausse.

- Cycle Économique : Tenez compte du cycle économique. Envisagez de vendre lorsque l'économie est en phase de croissance, car cela peut stimuler la demande d'investissement immobilier.

- État de la Propriété : Évaluez l'état de votre propriété. Si elle nécessite des rénovations majeures ou des réparations coûteuses, il peut être judicieux de les effectuer avant la vente pour maximiser la valeur.

2. Préparation de la Propriété :

- Améliorations : Considérez les améliorations qui peuvent augmenter la valeur de la propriété. Cela peut inclure des rénovations pour moderniser l'espace, améliorer l'efficacité énergétique ou ajouter des caractéristiques attrayantes.

- Documentation : Rassemblez tous les documents pertinents, y compris les titres de propriété, les plans, les permis, les rapports d'inspection, les baux en cours, et les informations financières. Une documentation complète rendra la propriété plus attrayante pour les acheteurs potentiels.

- Mise en Scène : Présentez la propriété sous son meilleur jour. Cela peut inclure le nettoyage, la réparation de tout dommage visible, la mise en scène des espaces communs, et l'entretien de l'aménagement paysager.

3. Fixer un Prix Approprié :

- Évaluation Professionnelle : Faites appel à un évaluateur immobilier professionnel pour déterminer la valeur actuelle de la propriété. Évitez de surévaluer la propriété, ce qui peut décourager les acheteurs.

- Analyse du Marché : Tenez compte des prix de vente récents de biens similaires dans la région. Cela vous aidera à fixer un prix compétitif.

- Négociation : Soyez prêt à négocier le prix avec les acheteurs sérieux. La flexibilité peut accélérer la vente.

4. Marketing et Visibilité :

- Marketing Immobilier : Collaborez avec un agent immobilier commercial expérimenté pour élaborer une stratégie de marketing efficace. Cela peut inclure la publicité en ligne, les visites virtuelles, les affichages sur site, et les réseaux professionnels.

- Visites : Organisez des visites pour les acheteurs potentiels. Présentez la propriété de manière professionnelle et soyez prêt à répondre à leurs questions.

5. Traitement des Offres et Négociation :

- Évaluation des Offres : Évaluez les offres reçues en fonction de leur prix, des conditions et de la capacité financière de l'acheteur.

- Négociation : Soyez prêt à négocier les termes de la vente. L'aide d'un agent immobilier peut être précieuse dans ce processus.

6. Clôture de la Transaction :

- Vérification Légale : Travaillez avec des avocats spécialisés en immobilier pour gérer la vérification légale et la documentation de la transaction.

- Clôture : Planifiez la clôture de la transaction, y compris le transfert de titres de propriété et la remise des clés.

- Fiscalité : Consultez un expert fiscal pour comprendre les implications fiscales de la vente et élaborer une stratégie fiscale efficace.

La planification de la revente d'une propriété commerciale est un processus complexe qui nécessite une préparation minutieuse. En suivant ces étapes et en obtenant l'expertise nécessaire, vous pouvez maximiser le rendement de votre investissement immobilier commercial lors de la vente.

Chapitre 13 : Études de Cas

Exemples concrets d'investisseurs réussis dans l'achat de murs commerciaux

L'inclusion d'études de cas d'investisseurs réussis dans l'achat de murs commerciaux peut offrir une perspective pratique et inspirante. Voici quelques exemples d'investisseurs qui ont réussi dans ce domaine :

Étude de Cas 1 : John, Investisseur en Immeubles de Bureaux

- Profil de l'Investisseur : John est un investisseur immobilier chevronné qui se spécialise dans l'achat d'immeubles de bureaux. Il possède une vaste expérience dans le secteur de l'immobilier commercial.

- Stratégie d'Investissement : John cible des immeubles de bureaux bien situés dans des quartiers d'affaires en croissance. Il recherche des propriétés avec un taux d'occupation stable et des locataires à long terme.

- Étude de Cas : John a acheté un immeuble de bureaux de six étages dans le quartier central des affaires de sa ville. Il a acquis la propriété à un prix avantageux car elle nécessitait des rénovations majeures. Après avoir rénové les espaces communs, amélioré l'efficacité énergétique et négocié de nouveaux baux, il a augmenté le loyer moyen par mètre carré de manière significative. Lorsqu'il a décidé de vendre la propriété cinq ans plus tard, il a réalisé un profit impressionnant grâce à l'appréciation de la valeur.

Étude de Cas 2 : Sarah et Mike, Investisseurs en Immeubles Commerciaux Polyvalents

- Profil des Investisseurs : Sarah et Mike sont un couple d'investisseurs immobiliers qui cherchent à diversifier leur portefeuille. Ils ont choisi d'investir dans des immeubles commerciaux polyvalents.

- Stratégie d'Investissement : Sarah et Mike recherchent des propriétés commerciales qui offrent diverses possibilités d'utilisation, comme des espaces de bureaux, de vente au détail et de stockage. Ils souhaitent maximiser leur potentiel de revenus en adaptant la propriété aux besoins du marché local.

- Étude de Cas : Le couple a acheté un ancien entrepôt industriel dans une zone en développement. Ils ont transformé une partie de l'espace en bureaux modernes et loué le reste comme entrepôt de stockage. Grâce à cette approche polyvalente, ils ont attiré un large éventail de locataires, de petites entreprises aux grandes entreprises de logistique. Leur investissement a généré un flux de trésorerie solide et une appréciation constante de la valeur.

Étude de Cas 3 : Emily, Investisseuse en Locaux Commerciaux de Proximité

- Profil de l'Investisseuse : Emily est une investisseuse débutante dans l'immobilier commercial. Elle cherche à investir dans des locaux commerciaux de proximité pour créer un flux de revenus passif.

- Stratégie d'Investissement : Emily cible des locaux commerciaux dans des quartiers résidentiels bien établis. Elle recherche des propriétés avec des locataires stables, comme des épiceries, des pharmacies et des petits commerces.

- Étude de Cas : Emily a acheté un petit centre commercial dans un quartier résidentiel en croissance. Le centre comprenait une épicerie locale, une pharmacie et quelques petits magasins. En maintenant les locataires existants et en veillant à l'entretien régulier du centre, elle a créé un flux de revenus stable. Lorsqu'elle a décidé de vendre après quelques années, la propriété était appréciée, ce qui lui a permis de réaliser un bénéfice modeste mais constant.

Ces études de cas illustrent différentes stratégies d'investissement immobilier commercial, des immeubles de bureaux rénovés aux centres commerciaux de proximité. Chacun de ces investisseurs a réussi en utilisant des approches adaptées à leurs objectifs, à leur expertise et au marché local. Ces exemples peuvent inspirer les lecteurs à explorer les opportunités dans l'immobilier commercial avec confiance et diligence.

Conclusion

En parcourant les pages de ce livre sur l'investissement dans les murs commerciaux, vous avez exploré un monde fascinant de possibilités financières. Vous avez découvert comment l'immobilier commercial peut être un véhicule puissant pour générer des rendements solides, diversifier votre portefeuille et sécuriser un flux de revenus stable. Avant de refermer ce livre, rappelons les points clés à retenir.

L'investissement dans les murs commerciaux offre une diversité de stratégies, qu'il s'agisse d'acquérir des immeubles de bureaux modernisés, des centres commerciaux polyvalents ou des locaux de proximité. Cette diversité permet à chacun de choisir une approche qui correspond à ses objectifs financiers et à ses ressources.

La gestion des risques est un aspect essentiel de l'investissement immobilier commercial. Vous avez appris comment la diversification de votre portefeuille, une planification rigoureuse et l'utilisation judicieuse de l'assurance peuvent atténuer les risques potentiels et renforcer votre sécurité financière.

Vous avez également pris conscience de l'importance de la recherche et de la préparation. La due diligence légale, l'analyse de marché et la préparation minutieuse de la propriété sont des étapes cruciales pour garantir le succès de votre investissement.

Les études de cas d'investisseurs accomplis ont illustré comment d'autres ont atteint leurs objectifs dans l'immobilier commercial. Ces exemples pratiques montrent que, avec la bonne stratégie et un engagement solide, il est possible de réussir dans ce domaine passionnant.

L'investissement immobilier commercial est un domaine en constante évolution. Il est donc essentiel de poursuivre votre apprentissage, de rester informé des tendances du marché et de vous entourer d'experts en qui vous avez confiance.

En conclusion, je vous encourage à vous engager dans votre voyage d'investissement immobilier commercial. Bien que cela puisse sembler intimidant au début, rappelez-vous que chaque investisseur à succès a commencé quelque part. Avec de la persévérance, de la détermination et les connaissances acquises grâce à ce livre, vous êtes prêt à explorer ce monde de possibilités financières. Bonne chance dans votre parcours d'investissement immobilier commercial.

MERCI

Tout d'abord, un grand merci d'avoir pris le temps de parcourir notre livre sur l'investissement dans les murs commerciaux. Nous espérons sincèrement que vous avez trouvé ce voyage à travers le monde de l'immobilier commercial enrichissant et informatif.

Si vous avez apprécié la lecture de ce livre et que vous avez trouvé des informations utiles pour votre parcours d'investissement, nous vous encourageons chaleureusement à laisser un commentaire 5 étoiles sur Amazon. Votre avis est précieux pour nous et aidera d'autres lecteurs à découvrir les avantages et les opportunités de l'investissement locatif, que ce soit dans le secteur commercial ou résidentiel.

Nous croyons fermement que l'investissement immobilier est l'un des moyens les plus solides de bâtir un avenir financier stable. Que vous envisagiez d'investir dans des murs commerciaux pour diversifier votre portefeuille ou que vous cherchiez à entrer dans l'immobilier locatif résidentiel, rappelez-vous que chaque grand investisseur a commencé par apprendre.

Votre passion pour l'investissement est le premier pas vers la création de richesse et d'indépendance financière. Alors, n'hésitez pas à vous lancer, à explorer de nouvelles opportunités et à continuer à apprendre. Le monde de l'investissement est vaste, passionnant et plein de possibilités.

Encore une fois, merci d'avoir lu notre livre. Votre détermination à apprendre et à grandir en tant qu'investisseur est inspirante. Nous vous souhaitons le meilleur dans tous vos projets d'investissement futurs.